L'île de Montserrat (Antilles anglaises). — Dessin de de Bérard d'après M. Reclus.

FRAGMENT D'UN VOYAGE A LA NOUVELLE-ORLÉANS,

PAR M. ÉLISÉE RECLUS.

1855

(inédit.)

I

MER DES ANTILLES.

La mer était calme et phosphorescente ; à temps égaux le navire entr'ouvrait la vague en poussant un grondement sourd comme celui d'un énorme cétacé ; les voiles enflées par la brise imprimaient aux mâts de suaves balancements : tout dans la nature semblait jouir d'un mystérieux bonheur.

J'étais étendu dans la chaloupe au-dessus du gouvernail et je regardais les étoiles. Dans cette position, mon être n'existait que pour jouir. Toutes les ondulations du navire et des vagues faisaient passer un frisson d'aise à travers mon corps ; mon âme elle-même était comme supprimée ; il ne me restait plus que la faculté de savourer à larges poumons l'air frais de la nuit. Balancé comme en un hamac dans la chaloupe suspendue, tantôt élevé à vingt pieds au-dessus de l'eau, tantôt ramené jusqu'à sa surface, j'entendais tour à tour la vague frapper les bordages de la chaloupe ou disparaître sous le gouvernail du navire avec un bruit caverneux ; autour de moi la phosphorescence des méduses et des rotifères jetait une pâle et tremblotante lueur, et parfois la rencontre de deux ondes lumineuses faisait briller à mes yeux comme le re-

flet d'un éclair. Tout près, la mer semblait rouler du feu, tandis que dans le lointain elle répandait une vague lumière bleuâtre comme celle de l'alcool enflammé.

Je sentais toutes les beautés de la mer sans les voir, mon regard restait attaché sur les étoiles et pour cesser de les contempler, j'aurais dû me faire violence. Au milieu d'elles, les mâts inclinés et relevés tour à tour par le roulis paraissaient décrire avec leurs pointes des cercles énormes. Trompé par cette illusion qui nous fait voir le mouvement dans les corps en repos et la fixité dans les objets mobiles, je croyais vaguement que les étoiles étaient des myriades de lucioles voletant autour des mâts et dansant au milieu de la voilure ; parfois je voyais aussi comme une neige de lumière tourbillonnant dans l'espace et descendant en vastes spirales. J'étais ébloui de la vive splendeur qui transforme le ciel des tropiques en un ciel tout différent du nôtre. Les étoiles brillent d'un éclat au moins quadruple en apparence, et, loin de paraître fixées sur une voûte solide, semblent suspendues à diverses hauteurs dans l'air bleu noir de la nuit ; la voie lactée, si pâle dans nos régions du nord, se déroule sur la mer des tropiques comme une vaste zone transparente de nuées lumineuses, et, par delà son infini, laisse deviner d'autres infinis. Sous ce beau ciel, si profond et si pur, je me demandais comment les astronomes de l'antiquité avaient pu inventer leur voûte de cristal : tout au plus comprend-on les Scandinaves qui voyaient dans leur ciel brumeux un énorme crâne où les nuages épars représentaient les flocons de la cervelle divine.

Peu à peu mes yeux se fermèrent et je tombai doucement dans un sommeil aussi agréable que la veille. En rêve je voyais encore les étoiles me scintiller du haut du ciel des promesses mystérieuses, quand je fus réveillé en sursaut par une voix partie du gaillard d'avant. Une grande masse noire se dressait devant nous à deux milles vers le nord-ouest : c'était l'île de Montserrat. A travers le bleu profond de l'air où flottaient çà et là comme des particules vaguement lumineuses on distinguait parfaitement au-dessus de l'horizon les profils aigus de deux montagnes jumelles.

C'était la première fois que je voyais une terre américaine et cependant je ne regrettai pas qu'il fût nuit. Ce pays de mon imagination ne m'apparaissait pas tout d'un coup dévoilé par la chaleur brutale du soleil, mais il se laissait deviner à la lueur des étoiles et m'offrait un cadre où je pouvais donner une vie à mes rêves. Dans cette masse noire je me figurais contempler toutes les splendeurs tropicales, les forêts impénétrables et pullulant de vie, les gorges profondes ruisselantes de cascades, les maisons blanches brillant à travers l'immense feuillage des manguiers, et des champs de cannes ou de plantains inclinés sous la brise.

Pendant que je croyais entrevoir toutes ces magnificences, le navire avançait rapidement et bientôt Montserrat ne fut plus à l'horizon qu'un nuage flottant et indécis. Je me laissai de nouveau tomber au fond de la chaloupe et rêvai de promenades sous les bosquets d'orangers. Ma promenade dura longtemps, car je dormais encore après le lever du soleil. Un violent jet d'eau me réveilla tout à coup ; les matelots faisaient la toilette matinale du navire, et sans me voir, avaient dirigé leur tuyau de pompe justement sur moi. Vêtu légèrement comme je l'étais, je ne fus pas trop alarmé de cette douche improvisée qui s'abattait sur ma tête et je me laissai bravement baigner comme un triton.

On a écrit la physiologie de bien des flâneurs, mais on a oublié le flâneur rôdant çà et là à bord d'un navire ; sa vie est bien plus agréable et variée qu'on ne le croit d'ordinaire : s'il aime la nature, il ne connaîtra jamais l'ennui. Quand le navire est encore dans le port, amarré par un câble à l'anneau du quai, le voyageur se demande avec un certain effroi si ce n'est pas folie de se hasarder dans une si petite maison flottante et de s'y emprisonner de gaieté de cœur pendant des mois entiers. Mais qu'il entre seulement : aussitôt cette étroite embarcation, cette simple planche que les poëtes disent séparer la vie de l'éternité, cette coque tremblante sur la mer, finit par devenir un monde. On y fait sans cesse de nouvelles découvertes et le plus souvent, quand arrive la fin du voyage, plusieurs régions du navire sont encore des terres inconnues pour le passager. Je ne parle pas seulement de la cale, des soutes, des cambuses et de tous ces mystères d'obscurité recouverts par le parquet luisant des cabines. Là se trouvent des étangs d'eau douce où les cris des noyés s'étoufferaient sans écho, les cachettes et les trous où les rats noirs et les rats bruns ont organisé leurs républiques ennemies, les hideux fonds de cale où l'eau de mer suintant à travers le bois de chêne et se mêlant à tous les détritus des cargaisons répand son odeur infecte et délétère. Un matelot lui-même sait à peine se retrouver dans ce malsain dédale ; à plus forte raison un passager accoutumé à l'air libre et au grand soleil se perdrait-il misérablement dans ces ténèbres.

Le reste du navire est bien encore assez vaste pour qui sait observer, et les sujets d'étude ne manquent pas. Même en restant dans sa cabine, on est surpris par une foule de choses charmantes, car à bord tout est dans un mouvement perpétuel et les moindres objets semblent vivre d'une vie indépendante. C'est le baromètre qui danse et oscille suspendu par ses ligaments élastiques ; c'est la boussole qui bondit sur la rose des vents à chaque mouvement de la barre du gouvernail ; ce sont les tables, les chaises qui se penchent en gémissant, puis se relèvent, s'inclinent et s'entre-choquent ; de tous les coins sortent des cris étranges, des plaintes mystérieuses ; chaque planche fait entendre son craquement, chaque clou de métal son grincement criard, et sur le pont, les secousses violentes imprimées par la mer font rouler les chaînes avec un fracas terrible comme le galop d'un escadron. De temps en temps une vague plus forte que les autres vient heurter la joue du navire, et en la voyant passer tout près de soi sur la surface des eaux murmurantes, on ne peut réprimer un certain frisson de peur. En même temps les coups de roulis deviennent plus violents et tous les objets de la cabine se livrent à une gymnastique imprévue ; les portes mal assujetties se ferment et se rouvrent avec fracas, les bouteilles et les verres s'élancent de la table et se brisent sur le parquet. Tout s'anime de mouvements joyeux, et cette danse vertigineuse, ces folles oscillations donnent une apparence de vie même aux poutrelles noircies du plafond. Mais rien n'est plus délicieux que le jeu des rayons du soleil pénétrant dans la chambre à travers la claire-voie. Ces rayons sautillent dans tous les coins, entrent furtivement dans les cabines, se cachent, se poursuivent, se réfléchissent un moment dans les glaces, puis s'envolent de nouveau comme des oiseaux effarouchés. Quand le navire est fortement agité, ils entrent, flamboient et disparaissent si rapidement que l'œil ne peut les suivre.

Si le passager va se promener sur le pont ou sur la dunette d'autres spectacles l'attendent. Il faut d'abord qu'il marche à petits pas pour éviter les chutes et qu'il sache maintenir son équilibre par des mouvements improbables et compliqués ; le sol ondule, tremble et se dérobe sous sa marche ; en même temps les vagues viennent l'une après l'autre se dresser curieusement le long des bordages comme pour examiner sa manœuvre inhabile.

Mais enfin il arrive, et sa promenade lui semble d'autant plus longue qu'il a fait en route plus de faux pas.

Une des retraites que j'affectionnais le plus dans le navire, c'était l'extrémité de la poupe, derrière les chaînes du gouvernail. Penché par-dessus le bord, je contemplais le sillage pendant des heures entières; les vagues venaient l'une après l'autre emporter mon regard dans leurs spirales, et pour le détacher je devais faire un violent effort sur moi-même. Les courbes, les rondes, les sarabandes, les remous des vaguelettes, les danses des traînées écumeuses, les luttes entre les flots qui se rejoignent derrière la quille, s'étreignent et se tordent, la formation des entonnoirs rapides entraînant dans leur vortex des groupes de bulles transparentes, tous ces petits drames de la goutte et de l'écume exerçaient sur mes yeux une irrésistible fascination. En dehors de la ligne rapide et tournoyante du sillage passent les larges surfaces d'écume rejetées à droite et à gauche par le taille-mer du navire : ce sont des îles, des archipels, des continents qui s'agrégent, se désagrégent, diminuent, se fondent et disparaissent. En réalité, il n'y a pas grande différence sous le rapport géologique entre ces continents d'écume et les continents terrestres sur lesquels nous habitons. Petits ou grands, tous les phénomènes se ressemblent : nos continents se fondront aussi pour se reformer ailleurs comme des flocons de bulles blanches entraînés par le sillage du vaisseau.

Quand on se penche de manière à voir la sombre masse du navire reflétée dans l'eau, on peut distinguer à d'énormes profondeurs des animaux étranges, des némertes enroulées comme des rubans noirs, des méduses épanouissant leur manteau transparent, jusqu'à le rendre invisible, et le reployant de nouveau en forme de boule jaune ou blanche, des stéphanomies semblables à de frissonnantes broderies de la plus fine dentelle, des encornets, des sépias aux vastes cordages de suçoirs, puis des êtres informes, indécis, presque dissous déjà par l'eau qui les contient. Au milieu de ces profondeurs toutes vivantes et pullulantes d'organismes, on voit passer quelquefois une énorme masse verte ou bleuâtre aux contours insaisissables : c'est peut-être un requin qui d'une simple vibration de sa queue puissante va s'élancer vers la surface à vingt mètres de distance, ou bien une famille de marsouins qui jouent à cache-cache sous la quille du navire.

Vers midi la chaleur accablante me forçait à chercher un abri et j'allais m'étendre sur des voiles à l'ombre d'un mât; là je lisais ou faisais ma sieste pendant quelques heures et quand l'atmosphère un peu rafraîchie me permettait de quitter ma retraite, tout me paraissait plus beau qu'auparavant, l'air était devenu plus lumineux, la vague plus joyeuse, le navire plus alerte à la course. Alors j'allais en vacillant chercher un observatoire quelconque, tel que la hune du grand mât ou celle du mât de misaine. Attaché aux cordes vibrantes des haubans je grimpais lentement sans tourner la tête de peur d'être saisi de vertige en voyant la mer sous mes pieds, et le cœur tout palpitant d'une émotion peu virile, je me

soulevais à la force des bras à travers les barres de la hune et m'adossais solidement contre le mât. Là, véritable lâche jouissant des émotions du danger, j'aimais à me sentir balancer par le roulis et à décrire de vastes courbes dans l'atmosphère. Les matelots qui montaient dans les haubans ou se laissaient glisser le long des cordages avec une adresse de singe, ne se doutaient pas que j'avais une jouissance de plus qu'eux, celle du vertige et de la peur.

Du haut de cet observatoire puissamment balancé dans l'espace, je saisissais d'autant mieux la beauté de la mer que je la voyais d'une manière inusitée. D'abord, mon horizon s'agrandissait de plusieurs lieues, et la vaste circonférence qui vue du pont me paraissait hérissée de vagues était devenue calme comme un rivage de bronze; plus près, je voyais distinctement les flots se dérouler en ordre de bataille et quand sous l'influence de deux vents contraires deux systèmes de lames se croisaient à angles droits, je saisissais dans tous ses détails leur interférence harmonieuse et périodique : sur la surface mobile apparaissaient parfois des cachalots soufflant des jets de vapeur et d'eau par leurs évents et dressant dans l'air leurs énormes queues, ou bien encore des peuplades de marsouins traversant la mer par une série de bonds et de plongeons. Autour du navire flottaient de longues traînées de fucus ou raisins des tropiques, et les galères tricolores balançaient leurs grands bras au gré de chaque flot. Parfois une vergue brisée, reste de quelque naufrage, venait à notre rencontre; les dorades et les dauphins tournaient comme des loups autour de cette épave pour dévorer les petits poissons cachés sous son ombre : cette vergue flottante formait comme un monde à part au milieu de la mer et d'innombrables drames de meurtre se passaient incessamment autour d'elle.

En ramenant mon regard au-dessous de moi, je trouvais le navire singulièrement amoindri et je me demandais comment le poids des voiles enflées ne faisait pas chavirer la coquille. La dunette, les chaloupes, les chaînes, les ancres me semblaient devenues d'une petitesse improbable, et le craquement des membrures, le choc des anneaux de fer, le cri des matelots se confondaient pour moi dans un gémissement plaintif. Autour de la carène, l'écume soulevée par la proue tournoyait en spirales blanches sur le fond vert bleu de la mer; vue d'en haut, elle avait la transparence et l'éclat d'une immense surface de porcelaine devenue liquide et bouillonnante.

Je me lassais difficilement quand je regardais la mer du haut de la hune du grand mât, et cependant j'avais encore un poste plus agréable, l'extrémité du mât de beaupré. Là, j'étais tout à fait en dehors du navire; en me retournant je le voyais derrière moi fendre la vague de son taille-mer, et je bravais cette masse énorme qui me poursuivait avec rage sans jamais pouvoir m'atteindre. A chaque coup de tangage je descendais presque au niveau de l'eau, puis j'étais lancé à une grande hauteur au-dessus d'elle, le mât se cabrait sous moi ou plongeait furieusement sans pouvoir me désarçonner. Enivré de mouvement, il me semblait presque commander au monstre qui me portait, et penché vers la mer, aspirant l'espace par mon regard, je me figurais que les grandes ailes du navire étaient enflées non par le vent, mais par le souffle de ma volonté : en orgueil naïf je ne le cédais point à la mouche du coche.

C'est ainsi que j'errais sur le navire, trouvant sans cesse de beaux spectacles à contempler ; mais surtout depuis que nous étions dans la mer des Antilles, j'aimais à voyager de mâts en mâts, scrutant l'horizon pour y découvrir la terre. Trente-six heures après avoir dépassé Montserrat nous vimes la terre en effet, et la côte méridionale d'Haïti, vague d'abord, puis grandissante et hardie, se dressa vers le nord La péninsule, qui se termine au cap Requin ou Tiburon, n'est qu'une étroite chaîne de montagnes jetée au milieu de la mer et les pitons alignés sur sa crête ont un magnifique caractère de hardiesse. Le pic le plus élevé atteint une hauteur de 2800 mètres environ, et de cette pointe, le regard descend par une succession de terrasses et de pyramides jusqu'au cap Tiburon où l'arête de rochers plonge dans le bleu des eaux avec un jet fier et superbe. A sa vue, la comparaison établie par Alexandre Dumas entre un cap et un taureau montrant ses cornes aux vagues me renaît sans cesse à l'esprit.

Les montagnes vers lesquelles courait alors notre navire sont assez nues, et les grands arbres se montrent seulement dans les gorges et dans les cirques étroits ménagés de distance en distance entre la grève marine et le pied des escarpements. Les forêts de bois d'acajou, les magnifiques baobabs africains, les palétuviers même se trouvent en général plus à l'est sur les côtes de la république Dominicaine ; mais ici le rivage de l'île est beaucoup trop abrupt pour donner prise à une belle

Le cap Tiburon (Haïti). — Dessin de de Bérard d'après *le Pilote des Antilles*.

végétation. En plusieurs endroits, des falaises luisantes comme du métal s'élèvent sur le bord de la mer, et les huttes des pêcheurs sont suspendues comme des chèvres sur le rebord des rochers. Couvée par un implacable soleil, cette côte presque tout entière a pris un aspect rougeâtre et sévère qui semblerait devoir mieux convenir à quelque promontoire de l'Arabie.

Plusieurs montagnes ont leurs escarpements interrompus par des terrasses horizontales qui sont évidemment d'anciennes plages marines. Ces terrasses espacées l'une au-dessus de l'autre à des hauteurs sensiblement égales, prouvent qu'il a fallu bien des périodes successives d'arrêt et d'ascension pour opérer le soulèvement de l'île entière. De distance en distance, les violentes pluies tropicales ont profité des moindres plissements du sol pour creuser de profondes ravines à travers les rebords parallèles des terrasses superposées : de loin on pourrait croire que toutes ces marches séparées l'une de l'autre par d'énormes fossés ont été taillées dans le roc par des peuples de géants. Les terrasses ne semblent manquer que dans les endroits où la roche est trop dure pour que la mer ait pu l'entailler profondément, mais presque partout ailleurs l'île est entourée d'une ceinture non interrompue de gradins superposés. Ces gradins ont souvent pris une forme singulière : ainsi près de la ville du môle Saint-Nicolas, une île soulevée dans un âge géologique assez récent, présente tout à fait la forme d'un môle ; on dirait un grand ouvrage de fortification construit à force de siècles et de vies d'hommes.

Près du cap Tiburon, nous eûmes le plaisir d'observer la merveilleuse transparence de l'eau. A l'abri des montagnes de la côte, le navire ne ressentait plus que

Une vue de la côte de la Jamaïque (baie de Santa-Anna). — Dessin de de Bérard.

par bouffées le souffle des vents alizés, la mer devenait unie comme un miroir, et le calme commençait à étendre son manteau d'étain sur les eaux lointaines. J'étais étendu au fond de la cabine sur des voiles, et je passais ma tête à travers le sabord pour regarder le ridement harmonieux des flots. Depuis longtemps il me semblait voir au fond de l'eau des traînées noires semblables à des algues flottantes, mais je croyais ma vue trompée par le jeu des ombres et de la lumière, lorsque tout à coup je vis distinctement des rochers et des plantes marines. J'appelai le capitaine, un matelot jeta la sonde, elle indiquait 26 mètres de profondeur. L'eau était pure comme de l'air condensé; on eût dit que les poissons y volaient par secousses, et les requins si fréquents et si dangereux dans ces parages y semblaient suspendus au-dessus du vide; les prairies d'algues, les colonies de polypes, les bancs voyageurs de méduses défilaient tour à tour sous nos yeux, et sur le fond de la mer nous voyions ramper des assemblages confus et indécis de pattes énormes, de têtes monstrueuses. Enfin la brise du soir se leva et nous poussa dans la direction de la Jamaïque. Le lendemain matin nous étions en vue des Montagnes Bleues.

Dans ces parages, les hautes cimes des Antilles interrompent la régularité des vents alizés et les forcent souvent à tournoyer en remous aériens. Parfois un calme absolu succède à une brise furieuse, et la voilure, un moment auparavant tendue à se rompre, retombe lourdement le long des mâts. C'est là ce qui nous arriva sur les côtes de la Jamaïque : le vent cessa tout à coup, les lourdes vagues s'aplanirent peu à peu et prirent graduellement la teinte et l'apparence de l'huile. Bientôt le navire ne ressentit d'autre pression que celle du courant équatorial, et pendant deux jours entiers l'île déroula lentement devant nous son magnifique panorama de montagnes et de forêts, d'azur et de lumière.

Le soir du second jour surtout le spectacle fut éblouissant de splendeur. Le soleil allait se coucher et prenait déjà cette forme ovale qu'il a toujours dans les vapeurs de l'horizon; jusqu'au zénith le ciel occidental était inondé de lueurs du violet le plus intense, et la mer polie reflétait si bien ces lueurs que le soleil, rasant déjà la surface de l'eau, apparaissait comme la clef de voûte d'une immense coupole de lumière. Dans l'air tournoyaient de grands oiseaux pêcheurs, et parfois on voyait un aigle attendre en planant qu'un oiseau débonnaire eût fait une pêche heureuse pour le poursuivre, l'obliger à lâcher sa proie et la saisir avant qu'elle ne retombât dans l'eau. Près du rivage les pirogues des nègres glissaient comme des insectes patineurs, et plus loin, dans les baies de l'île, apparaissaient des navires à voiles blanches, semblables à des libellules posées sur une feuille au bord d'un étang. Sur le rivage même s'étendaient les champs de cannes parsemés de villages et couverts de la fumée traînante des usines. Plus loin se dressaient des hauteurs découpées et tailladées dans tous les sens par des ravines et portant d'épaisses forêts dans leurs vallons; derrière cette première rangée de collines vertes, le regard s'élevait à une autre rangée brunie par l'éloignement, puis à

une chaîne dentelée de montagnes déjà bleues; enfin sur tout cet entassement de sommets, un grand pic dardait sa pointe jusqu'à 2400 mètres de hauteur et semblait vouloir étendre sur l'île tout entière comme un vaste manteau d'azur. Et la paix, le calme, la force contenue de la terre et de la mer, qui jamais pourra les décrire? On eût dit que la nature savait jouir de sa propre beauté et ne demandait pas l'admiration sympathique de l'homme. Dans les passages tropicaux, il n'y a rien de doux, de tendre, de plaintif et de familier comme dans les gazons, les ruisselets et les brumes de nos pays du nord; la nature y est dédaigneuse, impassible, implacable dans sa beauté; elle semble ignorer ses enfants.

Le jour suivant, vers quatre heures de l'après-midi, nous étions en face du Grand-Caïman, ancien repaire de brigands qui, pour mieux braver les frégates ennemies, avaient posé leur nid au milieu des écueils. Cette île n'a de remarquable que ses souvenirs et je l'aurais probablement oubliée si, en vue même de ses côtes, un grain violent n'avait assailli notre navire.

Aussi courageux qu'on soit, on ne peut s'empêcher d'être ému jusque dans sa dernière fibre, quand on voit une tempête s'amasser dans le ciel; mais quand le navire est assailli déjà et craque dans toutes ses membrures sous l'effort du vent et de la vague, alors on se fait une âme forte à la hauteur du danger et l'on ne ressent plus qu'une émotion virile en face de la rage de la mer. Telle est du moins l'impression générale de ceux qui se sont trouvés exposés à un coup de vent, et ce fut également celle que j'éprouvai comme le commun des mortels. Il y avait déjà longtemps qu'un petit nuage grisâtre planait au-dessus de l'île à l'horizon; vers le soir il grandit peu à peu et bientôt il recouvrit l'île entière, plage après plage, écueil après écueil, comme un immense voile tiré sur le ciel. Au-dessus de nos têtes, l'air était encore d'un bleu magnifique tout chatoyant d'un moelleux tissu de rayons, mais la lisière noire qui séparait le nuage du ciel bleu se rapprochait incessamment de notre zénith. Un arc-en-ciel brillant s'avançait, porté sur les vapeurs de la tempête et ses deux pieds vaguement estompés sur la mer continuaient sur l'écume des flots un autre demi-cercle presque invisible. Précédant la sombre masse, de petites vagues se redressaient comme éperonnées par une force sous-marine et leur crête s'éparpillait en jets de gouttelettes; en même temps, le vent grondait d'un bruit sourd et mugissant comme celui d'un tonnerre lointain. Les matelots résolus et calmes, agiles et forts, montent sur les vergues, glissent parmi les cordages, carguent les voiles en un clin d'œil, regardant du même œil intrépide les manœuvres du navire et la tempête qui s'avance. Se détachant par son timbre clair et sonore sur le bruissement lugubre, s'élève la voix du capitaine. A peine les voiles sont-elles carguées, que déjà le souffle de l'orage secoue le navire et l'incline sur la mer, les cordages se tendent en vibrant, les vergues craquent, et pour résister à la violence du vent, le pilote se fait attacher à la barre. En quelques minutes, la mer est devenue sauvage, chaque flot devient un bélier terrible lancé contre les bordages et chaque nouveau coup de roulis embarque une lame. Les chaînes grincent sur le pont, les barils roulent de bâbord à tribord, les esparres viennent battre avec force contre les parois, le navire plonge et se cabre comme un cheval en furie, et de leur cabine, les passagers peuvent voir la crête des vagues se dresser au-dessus de la dunette. Mais n'importe ! Tout va pour le mieux quand les côtes sont éloignées, la carène solide et la tempête de courte durée. Notre navire se comporta bravement et doubla sans accident le cap San Antonio.

Notre voyage durait déjà depuis quarante-cinq jours, et malgré les voyages d'exploration que j'avais entrepris dans la cale, dans les chaloupes et sur les mâts du navire, il me tardait de toucher le sol ; quand je pensais aux promenades que je ferais bientôt sur les bords du Mississipi et dans les bois de la Louisiane, un frisson d'impatience me traversait le corps. Aussi vers le second jour de notre navigation dans le golfe du Mexique regardais-je avec anxiété vers le nord et ne trouvais-je aucun intérêt au livre sur lequel je jetais les yeux de temps en temps. Tout à coup il me sembla que la couleur de l'eau avait changé ; en effet, de bleu foncé elle était devenue jaune et je vis une ligne de séparation, droite et comme tirée au cordeau, s'étendre de l'est à l'ouest entre les deux zones diversement colorées ; au nord, une petite ligne noirâtre à demi cachée par le brouillard annonçait la terre ; nous étions dans les eaux du Mississipi. Bientôt après le navire ralentit sa marche, il n'avança plus que difficilement et puis s'arrêta tout à fait ; sa coque était engagée dans les vases. Ainsi le voyage était terminé : il ne nous restait plus qu'à patienter dans notre fondrière de boue liquide.

II

DELTA MISSISSIPIEN.

Pendant toute la nuit notre navire oscilla sur un fond de vase nauséabonde ; mais loin de me plaindre, je me félicitais au contraire de me sentir ainsi balancé sur cette boue, je venais de faire deux mille lieues pour la voir. Au point de vue géologique, quoi de plus intéressant que ces vastes alluvions dans un état encore semi-liquide ! Arrachés par la lente érosion des flots et des siècles à toutes les chaînes de montagnes de l'Amérique du Nord, ces sables et ces argiles forment, dans le golfe du Mexique, une puissante couche de deux ou trois cents mètres d'épaisseur qui, tôt ou tard, par le tassement et l'influence de la chaleur centrale, se transformera en vastes assises de rochers et servira de base à des régions fertiles et populeuses. Dans leur œuvre de création, ces particules ténues se tamisent dans la mer pour ajouter sans cesse des îles, des presqu'îles, des rivages au continent, ou bien, entraînées dans le courant des Florides, vont se déposer à mille lieues de là sur le banc de Terre-Neuve.

Vers le point du jour, le capitaine songea au moyen de nous faire sortir de notre lit de vase et envoya l'une de ses chaloupes à l'embouchure du fleuve pour y trouver un pilote. L'embarcation disparut bientôt dans la brume

du matin et le bruit de ses rames, de plus en plus affaibli, finit par s'évanouir dans la direction du nord. Nous la suivions en vain du regard et de l'oreille sans pouvoir percer l'épaisse couche de brouillard qui nous en séparait, quand tout à coup, en levant les yeux, nous la revîmes suspendue en apparence au-dessus d'un rideau de nuages. La chaloupe, après avoir traversé la première traînée de vapeurs qui rampait sur la mer et fermait notre horizon à quelques encablures de distance, était parvenue dans un espace parfaitement dégagé d'humidité et, nous apparaissant ainsi par delà le brouillard, semblait voguer dans un air limpide. Ces zones parallèles de brumes et d'atmosphère transparente ne sont pas rares à l'embouchure du Mississipi, où se rencontrent et se mêlent des courants d'eau douce et d'eau salée à des températures différentes.

Deux heures d'attente s'écoulèrent pendant lesquelles nous pûmes observer à plaisir les souffleurs qui abondent dans ces parages. Ces animaux prennent toujours leurs ébats en famille et se divisent en groupes de deux ou trois individus qui ne se quittent jamais ; tous leurs mouvements sont rhythmiques et solidaires. Quand l'un après l'autre, plusieurs souffleurs se dressent hors de l'eau et replongent après avoir décrit dans l'air une vaste parabole, on croirait voir plusieurs roues dentées roulant lourdement sous la pression d'un même engrenage. Un groupe de souffleurs ne forme qu'un seul mécanisme.

Enfin, nous vîmes un point noir sortir de la bouche du Mississipi et se diriger vers nous : c'était le remorqueur qui venait nous extraire de notre bourbier. Il augmenta peu à peu et bientôt je pus l'observer dans tous ses détails. Je n'avais pas encore vu de bateau à vapeur américain et j'avoue que celui-ci m'enchanta tout d'abord par sa coupe hardie, sa vitesse et son air délibéré ; je lui trouvais une jeunesse, un héroïsme d'allures qui me le faisait admirer comme s'il eût vécu d'une vie supérieure à celle de l'homme. Légèrement incliné d'un côté, agitant sur le pont les puissants leviers de sa machine comme de gigantesques bras, déroulant jusqu'à l'horizon ses épais replis de fumée, poussant à temps égaux des grondements sourds et prolongés, il m'apparaissait comme une réalisation par excellence de la force, et chaque tour de roue qui le rapprochait de nous me le faisait trouver plus superbe encore. Bientôt il est à côté de nous, il pirouette gracieusement, se saisit d'un câble que nous lui jetons et sans secousse vient s'attacher à notre navire bord contre bord.

Les deux joues se touchent à peine que déjà un jeune homme s'élance du tambour de la roue et bondit sur notre pont. Il garde son chapeau sur la tête et tout au plus marmotte entre les dents le mot de « capitaine » que l'on peut, si l'on veut, prendre pour un salut. En un moment il est sur la dunette, se saisit de la barre du gouvernail et donne des ordres aux matelots ébahis. Il n'est pas monté depuis trente secondes que déjà, sous la traction du vapeur, la quille de notre navire commence à fendre la vase ; en véritable Américain, le pilote n'avait pas daigné perdre un clin d'œil en politesse. Et moi, plein de sympathie pour cet homme d'une autre race, je m'avançai vers lui ; il ne me vit point, mais entendant mes pas qui s'approchaient, il sortit de sa poche un paquet de journaux et me les tendit sans me regarder, sans attendre de moi le moindre remercîment. En effet, je n'eus point l'insigne naïveté de le remercier, et j'allai aussi loin de lui que possible m'enfoncer dans la lecture du « *New Orleans Daily Delta.* »

Grâce à la vitesse du remorqueur, nous avancions rapidement, et bientôt, repliant tous mes journaux, je cessai de m'occuper de Sébastopol pour observer dans tous ses détails l'aspect de la passe du sud-ouest, principale embouchure du Mississipi. A quelques milles de distance en avant du navire, une longue et mince ligne noire semblait jetée en travers de la mer comme un immense môle ; par delà de cette ligne sombre, on distinguait le fleuve comme un grand ruban de soie blanche, puis venait une autre ligne noire parallèle à la première, et plus loin s'étendaient les eaux bleues de la mer jusqu'à la courbure grise de l'horizon. Le Mississipi nous apparaissait comme un canal avançant jusqu'à la haute mer entre deux longues jetées, et les quarante ou cinquante navires dont nous voyions les mâts effilés se dessiner vaguement sur le ciel, complétaient encore la ressemblance : c'est le spectacle qu'offrira un jour, sur une échelle bien réduite, le canal de Suez projeté dans les eaux de la Méditerranée.

Dès que nous fûmes arrivés à la hauteur de l'embou-

Bouches du Mississipi. — Dessin de de Bérard d'après M. Reclus.

chure, le remorqueur ralentit un peu sa marche pour s'engager avec circonspection dans les passes balisées qui mènent à l'entrée du fleuve, car ces passes sont très-dangereuses, et tous les mouvements des courants et de la marée en font varier la profondeur. En temps ordinaire, les îles que les alluvions y forment s'élèvent insensiblement ; mais, pendant les tempêtes, la configuration sous-marine de l'embouchure change complètement, et les navires peuvent se hasarder à tenter l'entrée qu'après avoir fait de nombreux sondages. Malgré son audace ordinaire, notre pilote lui-même fit plusieurs fois le plomb.

nous entrons dans le lit même du fleuve et nous sentons avec joie la pression de son courant contre les flancs du navire. Cependant nous ne voyons pas encore les rives du Mississipi sur lequel nous voguons ; il nous apparaît comme un fleuve coulant miraculeusement au milieu de la mer. Seulement, à droite et à gauche, de légers renflements de vase étalent sur l'eau leurs contours indécis et marquent les parties élevées du rivage sous-marin qui s'élève entre l'eau douce et l'eau salée. A mesure qu'on avance, ces îlots de boue deviennent plus nombreux et plus allongés ; bientôt ils se rapprochent l'un de l'autre, semblables à des vagues solidifiées, puis se réunissent bout à bout et finissent par former un rivage continu au-dessus du niveau du courant C'est à cet

Paquebot et bateau remorqueur sur le Mississipi. — Dessin de de Bérard d'après M. Reclus.

endroit que la *barre* ou digue d'alluvions formée en travers de l'embouchure atteint sa plus grande hauteur.

Jusqu'ici, l'eau soulevée par la quille du navire et refoulée à gros bouillons dans le sillage est l'eau transparente et bleue du contre-courant sous-marin qui s'étale sous la surface jaune du fleuve ; mais dès que la quille a touché la barre et que le navire est retardé dans son élan par la résistance de la vase, aussitôt la couleur du sillage passe au jaune sale, et, dans le courant déjà boueux, s'élèvent de nouveaux tourbillons de boue. C'est alors que le pilote doit tenir le gouvernail d'une main ferme et suivre la passe d'un œil sûr, car la barre a près d'un mille de long, et il suffit de dévier quelque peu à droite ou à gauche pour engager irrévocablement le corps du navire. Une fois la quille engagée dans la boue du fond, elle soulève par son tangage les particules de vase ténue et les fait remonter vers le courant superficiel qui les entraîne, tandis que les grains de sable pesant s'accumulent autour de la coque et, se massant autour d'elle, finissent par la retenir comme des murailles de rochers.

Ainsi, peu de chose suffit pour décider de la perte ou du salut d'un navire. On en a vu dont la quille était engagée de quatre pieds dans la vase ne pas hésiter à franchir la barre sans remorqueur, et arriver jusqu'à l'eau profonde, drapeau flottant, voiles déployées. D'un autre côté, bien des navires attachés à un remorqueur et passant au milieu du canal ont dû à un moment d'indécision d'être pris en travers par le courant et poussés vers le rivage. Nous passâmes à quelques mètres d'un magnifique trois-mâts qui s'était perdu de cette manière et qu'on avait inutilement essayé de renflouer. Autour de lui s'étaient déjà formés d'énormes bancs de sable pareils à de grandes masses de liége flottant sur la surface du fleuve.

Après nous avoir introduits dans l'eau profonde, le pilote prit son argent et nous quitta sans dire mot, sans faire simulacre de politesse ; puis, son bateau à vapeur, laissant notre navire au milieu du fleuve, repartit pour aller chercher en mer un autre trois-mâts. Mais nous ne restâmes pas longtemps seuls, et bientôt des essaims de barques chargées d'oranges, de liqueurs, de sucre, de coquillages se détachèrent des pieux de la rive et vinrent nous offrir leurs marchandises.

Le village de Pilotsville, dont les baraques en planches s'élèvent sur la rive gauche, est généralement connu sous le nom de Balize. En réalité, ce nom appartient à un autre village fondé par les colons français sur la passe du sud-est, mais depuis que la passe du sud-ouest est devenue la principale embouchure du Mississipi, les pilotes y ont à la fois transporté leur industrie et le nom de leur misérable bourg. Il y a certainement bien peu d'endroits au monde ayant l'air aussi triste et désolé que la Balize. L'étroite bande de terre où sont groupées les maisons est en même temps le rivage du fleuve et celui de la mer ; les vagues salées et les flots d'eau douce la recouvrent tour à tour et s'y rencontrent dans un dédale de fossés remplis d'un mélange visqueux et corrompu ; partout où un renflement du terrain spongieux permet aux plantes de fixer leurs racines, des cannes sauvages et des roseaux

y croissent en fourrés impénétrables. Les cabanes sont construites en planches aussi légères que possible afin qu'elles ne s'enfoncent pas dans le sol détrempé, et, pour que l'humidité puisse moins y pénétrer, elles sont juchées sur de hauts pilotis comme sur des perchoirs. Aussi, quand le vent d'orage souffle et que les vagues de la mer viennent l'une après l'autre s'écrouler dans le fleuve par-dessus le cordon littoral, les maisons de la Balize pourraient bien être emportées si elles n'étaient amarrées comme des navires : parfois même le village en vient à chasser sur ses ancres. Les fièvres et la mort se dégagent incessamment du manteau de miasmes étendu sur la Balize. Quatre cents Américains ont pourtant le courage de se percher dans ces baraques et d'y cuver leur fièvre, dans l'espérance de pouvoir rançonner les navires de passage.

Un léger vent soufflait du sud, et notre capitaine voulut en profiter pour remonter le courant à force de voiles ; par malheur, les détours du fleuve sont très-nombreux, et les matelots étaient forcés de louvoyer sans cesse, de brasser et de carguer les voiles pour les brasser encore. Ils n'en pouvaient plus de travail, quand le navire leur rendit le service de venir s'enfoncer de plusieurs pieds dans la vase molle du rivage. Les matelots ne se plaignirent guère de ce contre-temps, et moi, tout heureux, je me hâtais de saisir la chaîne de l'ancre suspendue à l'avant, de me laisser glisser et de sauter sur la berge.

On éprouve une sensation étrange en touchant la terre solide après avoir foulé pendant de longues semaines le sol mobile et tremblant du navire. On sent le vertige comme le convalescent cherchant à marcher après une longue maladie ; les pieds habitués à la mobilité de leur point d'appui ont fini par s'y habituer si bien que par contraste la terre leur semble devenue instable et qu'on la sent vibrer comme si elle était secouée par un frisson volcanique. Cette étrange sensation ne diminua pas le plaisir que j'éprouvai à fouler de nouveau la terre ferme et ce fut avec une joie de prisonnier recouvrant la liberté que je m'enfonçai dans le fourré de cannes sauvages. A peine étais-je parvenu à me glisser à quelques mètres de distance dans cette épaisse masse de végétation, que déjà je ne pouvais plus distinguer le navire à travers le nombre immense des tiges çà et là balancées. Chacun de mes pas faisait pétiller ou craquer les amas de roseaux desséchés qui jonchaient le sol, et j'avais presque peur en produisant tout ce fracas de réveiller quelque serpent enroulé autour d'une racine. Au-dessus de ma tête, les cannes s'élevaient à vingt pieds de hauteur et ne laissaient entrevoir qu'un étroit espace du ciel et.... le fil d'un télégraphe électrique.

Dans les solitudes de la Louisiane, la science ne semble pas être dans sa patrie, et ce fil qui transmet mystérieusement la pensée me paraissait d'autant plus étrange qu'il passe au-dessus des roseaux, loin de tous les champs cultivés, entre des marécages croupissants et un fleuve vaseux. Telle est la marche de la civilisation aux États-Unis : ici, sur une terre humide qui n'est pas encore franchement le continent, mais seulement un résidu des flots, le télégraphe électrique est le premier travail de l'homme. Avant d'avoir touché cette terre de sa pioche ou de sa charrue, l'Américain y fait circuler déjà sa pensée ou du moins ses calculs; dès qu'un navire arrive à la Balize, ce fil annonce aux négociants Orléanais à combien de tonneaux de sel, de têtes d'émigrants, de pièces de cotonnade se monte la cargaison. Rarement un employé vient examiner si le fil est dans un état d'isolation suffisante; il se balance au milieu des hautes tiges des cannes, et pourvu qu'un spéculateur ne le fasse pas couper, il transmet assez bien les nouvelles. Parfois des bœufs sauvages errant dans le fourré renversent à coups de corne les poteaux du télégraphe, mais aussi longtemps que l'électricité suit docilement le fil, on ne songe pas à les relever. Ces bœufs égarés appartiennent aux Islingues, hommes à demi barbares qui descendent des Islenos ou Canariotes si nombreux à Cuba et dans les autres Antilles.

Vers le soir, un remorqueur vint retirer notre navire de sa position ridicule et lui faire commencer sa dernière étape en compagnie de trois autres voiliers. C'est un spectacle saisissant que celui de quatre navires pressés l'un contre l'autre et formant comme un gigantesque bâtiment avec ses douze mâts, ses vergues, ses voiles enflées, ses innombrables cordages tendus dans tous les sens, ses banderoles et ses drapeaux flottants. Du milieu de ces navires s'échappe une épaisse fumée qui, seule avec le mugissement de la vapeur s'échappant à temps égaux, révèle le puissant remorqueur caché derrière les hauts bordages des trois-mâts. Cette force du petit vapeur saisissant comme par des étaux quatre navires et les entraînant avec lui contre le courant du Mississipi qui descend vers la mer comme une autre mer en mouvement, a quelque chose d'effrayant et d'inexorable. Aussi

Gravé chez Erhard d'après la carte de Franklin-Bache.

les remorqueurs prennent-ils à bon droit les noms orgueilleux de Titan, Briarée, Hercule, Jupiter, Encelade.

Grâce à la puissante machine, nous arrivâmes en moins d'une heure au point où s'opère la ramification du fleuve en plusieurs embouchures. Pendant les cent cinquante derniers kilomètres de son cours le Mississipi ressemble à un gigantesque bras projeté dans la mer et tenant ses doigts étalés sur la surface des eaux. A l'ouest s'étend le golfe de Baratavia, à l'est le golfe ou lac Borgne, au sud, entre chacune des embouchures, la mer plonge aussi son petit golfe, de sorte que partout la terre se compose seulement de minces cordons littoraux de vase sans cesse démolis par les vagues, sans cesse renouvelés par les alluvions. En quelques endroits la levée de terre qui sépare l'eau salée du courant d'eau douce est tellement étroite que les lames viennent souvent déferler jusque dans le Mississipi, et si les racines traçantes des roseaux ne retenaient la terre de leurs mailles tenaces, il suffirait de quelques lames pour emporter la digue et creuser au fleuve une nouvelle embouchure.

La seule végétation de ces plages étroites et saturées d'humidité est celle de la canne sauvage; l'arbre ne peut pas encore y implanter ses racines. C'est à une quarantaine de kilomètres de l'embouchure seulement qu'il se trouve une motte de terre assez élevée pour qu'un pauvre saule tout rabougri ait osé s'y fixer. A quelques centaines de mètres plus loin, deux ou trois saules plus hardis s'aventurent à leur tour et font mine de se grouper ensemble; plus loin encore, les bouquets de saules se rapprochent, entremêlent leur feuillage, forment un rideau continu de verdure pâle, et cachant la vue de la mer aux voyageurs qui remontent la courant, donnent au paysage une physionomie plus continentale.

A la région des saules succède une autre région, celle des cyprès de la Louisiane, ou plus simplement *cypres*. Ces arbres demandent un sol plus ferme que les saules? cependant le terrain dans lequel ils croissent est encore à demi caché sous des flaques d'eau croupissante et, pendant les inondations, disparaît complétement. Le cypre est un arbre superbe au tronc droit, lisse et dépourvu de branches jusqu'à la hauteur de 20 à 25 mètres; sa base s'appuie sur le sol par d'épaisses racines projetées dans tous les sens comme des contre-forts; à travers des flaques d'eau s'élèvent autour de lui des excroissances coniques semblables à des épines de plusieurs pieds de hauteur: ce sont de véritables aspirateurs chargés de porter aux racines souterraines du cypre l'air que la couche d'eau empêche d'arriver jusqu'à elles. Le feuillage de l'arbre est composé d'aiguilles beaucoup plus petites que celles des pins; souvent aussi les branches sont tellement nues qu'elles semblent avoir été dévastées par le feu et n'ont pour tout ornement que de grandes chevelures de mousse flottante appelée dans le pays *barbe espagnole*. L'aspect extraordinaire de tous ces arbres chamarrés de leurs immenses barbes grises donne au paysage un caractère tout particulier d'étrangeté. Les Parisiens peuvent s'en faire vaguement une idée en allant admirer les cypres acclimatés dans le parc de Rambouillet.

Entre la forêt de cyprès qui longe le bord du Mississipi et la plage marine déjà plus éloignée, s'étendent parfois de grandes savanes où se réfugient des multitudes d'oiseaux. Pour leur faire quitter le nid et les tirer au vol, les chasseurs n'ont pas trouvé de moyen plus simple que de mettre le feu aux herbes des savanes; ce moyen barbare est défendu, parce que le feu peut se communiquer de proche en proche à travers les herbes jusqu'aux plantations; mais les chasseurs n'en ont pas moins recours à cette battue expéditive. Pendant le jour, c'est à peine si toutes ces prairies en feu jettent une lueur rougeâtre sur l'atmosphère, et l'on voit seulement une fumée noire s'étendre pesamment sur l'horizon; mais, pendant la nuit, un spectacle d'une splendide magnificence s'offre au voyageur Quand, après un incendie de plusieurs jours, la flamme finit par s'éteindre, la terre est couverte d'une épaisse couche de cendre sur un espace de plusieurs kilomètres carrés, et les herbes marécageuses qui forment le sol des prairies tremblantes ont été dévorées par l'incendie jusqu'à plusieurs pieds de profondeur. Les chasseurs ont atteint leur but, ils ont pu faire une magnifique chasse au vol.

Au-dessus de Fort-Jackson, espèce de fortin en terre que les patriotes louisianais affectent de regarder comme imprenable, apparaissent les premières plantations. Elles se ressemblent toutes : sur la rive, des troncs d'arbres échoués, une levée de terre pour arrêter la crue; derrière, un chemin parallèle au fleuve, puis de hautes barrières en planches fendues à la hache, des champs de cannes semblables à d'énormes blocs de verdure, des magnolias isolés, des allées de pacaniers et d'azédarachs, des maisons en bois badigeonnées de rouge et de blanc et perchées sur des pilotis en maçonnerie à deux ou trois pieds au-dessus du sol toujours humide, des cases à nègres, semblables à des ruches d'abeilles à demi enfouies dans les hautes herbes d'un jardin; enfin, dans l'éloignement, l'immense muraille de cypres se contournant toujours parallèlement au fleuve. Ce paysage garde éternellement son aspect uniforme, et c'est par son repos, sa majesté, la grandeur de ses lignes, et non par la grâce de ses détails qu'il impose. Pour bien aimer et comprendre la Louisiane, il faut chaque soir contempler l'horizon sévère de ses forêts, la solennelle beauté de ses campagnes, le courant silencieux de son fleuve.

Au milieu de l'une de ces plantations, située sur la rive gauche du Mississipi, s'élève une colonne commémorative en l'honneur de la bataille de la Nouvelle-Orléans. C'est là que les Anglais du général Pakenham ont été mis en déroute par le célèbre Andrew Jackson. Les Américains étaient admirablement postés et avaient utilisé le terrain de manière à s'enfermer comme dans une place forte. Ils avaient coupé par un fossé l'isthme étroit qui sépare le Mississipi des cyprières infranchissables du lac Borgne; puis, se faisant, avec des balles de coton entassées, un rempart à l'épreuve des balles et des boulets, les habiles tireurs de la Louisiane et du Kentucky abattaient comme gibier les Anglais qui marchaient au pas sur le sol détrempé, lents et impassibles comme en un jour de parade. La véritable histoire de cette bataille est encore à conter; d'après les récits populaires, l'armée anglaise aurait perdu 7000 hommes, plus qu'elle ne comptait de soldats dans ses rangs, tandis que les Américains n'auraient perdu que 7 combattants. Telle est la proportion : un contre mille.

Déjà nous avions reconnu depuis longtemps la proximité de la grande ville par l'atmosphère épaisse et noire qui pesait sur l'horizon lointain et par les hautes tours vaguement estompées dans la brume, quand tout à coup, au détour d'un méandre, les édifices de la métropole du sud commencèrent à poindre : à chaque tour de roue, un nouveau détail se révélait, clocher après clocher, maison après maison, navire après navire; enfin, quand le remorqueur nous abandonna, la ville tout entière était devant nous son immense croissant de deux kilomètres de longueur. Sur le fleuve, se croisaient en tous sens les énormes vapeurs de commerce, les petits remorqueurs attelés à de gros navires et les faisant pirouetter légèrement, les ponts volants circulant sans cesse entre la ville et son faubourg d'Alger, les esquifs nageant comme des insectes au milieu de tous ces monstres puissants. Attachés à la rive, se montraient en ordre les lougres et les goëlettes, ensuite les hauts bateaux à vapeur semblables à de gigantesques mastodontes au râtelier, puis les trois-mâts rangés le long de la rive en interminable avenue. Derrière ce vaste demi-cercle de mâts et de vergues, on entrevoyait les jetées en bois encombrées de marchandises de toute espèce, les voitures et les chars bondissant sur le pavé, enfin les maisons en briques, en bois, en pierre, les gigantesques affiches, la vapeur des usines, le tumulte des rues. Un beau soleil éclairait ce vaste horizon de mouvement et de bruit.

III

LA NOUVELLE-ORLÉANS.

Le plan de la Nouvelle-Orléans est, comme celui de toutes les villes américaines, d'une extrême simplicité; cependant l'immense courbe du Mississipi, qui a valu à la métropole du Sud le nom poétique de cité du Croissant, a empêché de tracer des rues parfaitement droites d'une extrémité à l'autre de la ville; il a fallu disposer les quartiers en forme de trapèzes, séparés l'un de l'autre par de larges boulevards, et tournant leur petite base vers le fleuve. En revanche, les faubourgs de l'ouest, Lafayette, Jefferson, Carrolton, construits sur une presqu'île semi-annulaire du Mississipi, présentent au fleuve leur base la plus large, et les boulevards qui les limitent de chaque côté se réunissent en pointe sur la lisière de la forêt, au milieu de laquelle la ville a été bâtie. Grâce à l'adjonction récente de ces quartiers, la Nouvelle-Orléans a pris un nouvel aspect et les deux gracieuses courbes que le Mississipi décrit le long de ses quais, sur une étendue de sept milles environ, devraient lui faire donner le nom de *Double-Crescent-city*.

L'humidité du sol de la capitale de la Louisiane est passée en proverbe, et l'on a été souvent jusqu'à dire que la ville tout entière, avec ses édifices, ses entrepôts et ses boulevards, reposait sur un immense radeau porté par l'eau du fleuve. Des trous de sonde forés jusqu'à 250 mètres de profondeur ont suffisamment prouvé que cette assertion était erronée; mais ils ont aussi montré que le sol sur lequel est bâtie la ville se compose uniquement de lits de vase alternant avec des couches d'argile et des troncs d'arbres qui se transforment lentement en tourbe, puis en charbon, sous l'action des forces toujours à l'œuvre dans la grande usine de la nature. Il suffit de creuser de quelques centimètres, ou, pendant les saisons de grandes sécheresses, d'un ou deux mètres, pour rencontrer l'eau vaseuse; aussi la moindre pluie suffit-elle pour inonder les rues, et quand une trombe d'eau s'abat sur la ville, toutes les avenues et les places sont changées en rivières et en lagunes. Des machines à vapeur fonctionnent presque sans relâche pour débarrasser la Nouvelle-Orléans de ses eaux stagnantes et les déverser, au moyen d'un canal, dans le lac Pontchartrain, à quatre milles au nord du fleuve.

On sait que les bords du Mississipi, comme ceux de tous les cours d'eau qui arrosent les plaines alluviales, sont plus élevés que les campagnes riveraines. Nulle part on ne peut mieux observer ce fait qu'à la Nouvelle-Orléans, car il y a une différence de quatre mètres entre les parties de la ville situées loin du fleuve et celles qui bordent le quai. De ce côté, les constructions sont défendues contre les crues du Mississipi par une levée planchéyée de cent mètres de large; en outre le fleuve, dans ses inondations, apporte toujours une énorme quantité de sable et d'argile qui consolide la levée et forme une nouvelle *batture*, sur laquelle, depuis le commencement du siècle, on a déjà construit plusieurs rues. Les quartiers éloignés du Mississipi sont élevés de quelques centimètres seulement au-dessus du niveau de la mer, et les demeures des hommes n'y sont séparées des vasières à crocodiles que par des égouts d'eau stagnante et toujours irisée. Cependant un certain renflement du sol, appelé *colline* dans le pays, s'étend entre la ville et le lac Pontchartrain. Ce renflement, inappréciable à l'œil nu, peut avoir un mètre de hauteur absolue. On peut se faire une idée du niveau de la plaine, en apprenant qu'à l'étiage, les eaux n'ont qu'une pente de dix centimètres environ, sur un cours total de cent quatre-vingts kilomètres, de la ville au golfe du Mexique.

Le plus ancien quartier de la Nouvelle-Orléans, celui qu'on appelle par habitude le quartier français, est encore le plus élégant de la ville; mais les Français y sont en bien petite minorité, et ses maisons ont été pour la plupart achetées par des capitalistes américains : c'est là que se trouvent l'hôtel des postes, les principales banques, les magasins d'articles de Paris, la cathédrale et l'Opéra. Le nom même de ce dernier édifice est une preuve de la disparition graduelle de l'élément étranger ou créole. Autrefois, ce théâtre ne jouait que des pièces françaises, comédies ou vaudevilles; mais, pour continuer à faire des recettes, il a été obligé de changer ses affiches et son nom; maintenant, c'est le public américain qui lui accorde son patronage. Il est certain que la langue française disparaît de plus en plus. Sur la population de la Nouvelle-Orléans, qui s'élève, selon les saisons, de cent vingt mille à deux cent mille habitants, on ne compte guère que six à dix mille Français, c'est-à-dire un vingtième, et le même nombre de créoles non encore complétement américanisés. Bientôt l'idiome anglo-saxon dominera sans rival, et des Indiens aborigènes, des colons français et espagnols, qui s'étaient fixés dans le pays bien avant les émigrants d'origine anglaise, il ne restera que des noms de rues: Tchoupitoulas, Perdido, Bienville, etc. Le marché français *(french market)*, que les étrangers ne manquaient pas de visiter autrefois pour y entendre la confusion des langues, ne résonne plus guère que de conversations anglaises. Les Allemands, toujours honteux de leur patrie, cherchent à se prouver qu'ils sont devenus Yankees par des jurons bien articulés et des plaisanteries de tavernes; les nègres, à l'intarissable babil, ne condescendent à parler français qu'avec une sorte de commisération pour leur interlocuteur, et les rares chasseurs indiens, fiers et tristes comme des prisonniers, répondent aux questions par des monosyllabes anglais.

Le quartier américain, situé à l'ouest du quartier français, dont on sépare la large et belle rue du Canal, est habité principalement par des commerçants et des courtiers; c'est aussi le centre de la vie politique. Là se trouvent les hôtels, presque aussi beaux que ceux de New-York, les entrepôts des cotons; la plupart des églises et des théâtres, la principale maison de ville; là aussi se tient le grand marché des esclaves. Une foule immense se presse toujours dans l'enceinte de *Bank's arcade*, autour de laquelle règne un large comptoir abondamment garn de verres et de bouteilles. Sur une estrade se tient l'encanteur, gros homme rouge et bouffi, à la voix retentissante : « Allons! Jim! monte sur la table. Combien pour le bon nègre Jim? Voyez, il est fort; il a de bonnes dents! Regardez les muscles de ses bras! Allons, danse, Jim! » Et il fait pirouetter l'esclave. « C'est un nègre qui sait tout faire, il est menuisier, charron, cordonnier. Il n'est pas insolent; on n'a jamais besoin de le frapper. » Et cependant, on voit le plus souvent de longues raies blanchâtres tracées par le fouet sur la peau noire. Ensuite vient le tour d'une négresse : « Voyez cette *wench* (femelle); elle a eu déjà deux *niggers*, et elle est jeune encore. Regardez-moi ces reins vigoureux, cette forte poitrine! Bonne nourrice, bonne négresse de travail! » Et l'enchère recommence au milieu des rires et des vociférations. Ainsi passent tour à tour sur cette table fatale tous les nègres de la Louisiane : les enfants qui viennent de terminer leur septième année et que la loi, dans sa sollicitude, juge assez âgés pour se passer de mère; les jeunes filles, offertes aux regards de deux mille spectateurs, et vendues à tant la livre ; les mères qui viennent de se voir enlever leurs enfants, et qui doivent être gaies sous peine du fouet; les vieillards, si souvent déjà mis aux enchères, qui doivent paraître une dernière fois devant ces hommes à face pâle, qui les méprisent et rient de leurs cheveux blancs. La plus vile, la plus misérable des vanités, celle d'être vendus bien cher, leur fait à la fin défaut; adjugés pour quelques dollars, ils ne sont plus bons qu'à être enterrés comme des animaux dans la cyprière. Ainsi disent les esclavagistes, ainsi le veulent, suivant eux, la cause même du progrès, les doctrines de notre sainte religion, les lois les plus sacrées de la famille et de la propriété.

Longtemps, toutes les maisons de la Nouvelle-Orléans ont été construites en bois : c'étaient de simples baraques, et la cité tout entière, malgré son étendue, avait l'air d'un vaste champ de foire ; aujourd'hui les maisons des deux grands quartiers sont, pour la plupart, bâties en briques et en pierres ; on a même osé employer le granit dans la construction de la nouvelle douane. Il est vrai qu'en dépit des forts pilotis de trente mètres de longueur sur lesquels elle repose, ses murailles se sont déjà enfoncées d'un pied dans le sol.

Mais le principal agent de la transformation de la ville, ce n'est pas le sens esthétique des propriétaires : c'est le feu. J'eus bientôt l'occasion de m'en convaincre, car j'arrivai à la Nouvelle-Orléans au plus fort de la période annuelle des incendies. D'après les poëtes, le mois de mai est la saison du renouveau ; dans la métropole de la Louisiane, c'est l'époque des conflagrations. « Cela se comprend, dira-t-on, car c'est alors que les chaleurs commencent et que les boiseries des maisons se dessèchent sous les rayons du soleil ; c'est aussi la saison joyeuse pendant laquelle on a d'ordinaire le plus d'insouciance pour ses intérêts. » — « Tout cela est vrai, ajoutent les médisants, mais il ne faut pas oublier que le mois de mai précède immédiatement le terme d'avril et que l'incendie peut aider à régler bien des comptes. » Le fait

est que pendant les deux ou trois dernières semaines de mai, il ne s'écoule pas une nuit que le tocsin n'appelle les citoyens de sa voix lente et profonde. Souvent les reflets pourpres de quatre ou cinq incendies colorent en même temps le ciel, et les pompiers éveillés en sursaut ne savent de quel côté leur présence est le plus nécessaire. On a calculé que dans la seule ville de New-York, les flammes dévorent chaque année autant d'immeubles que dans la France entière ; à la Nouvelle-Orléans, ville de cinq à six fois moins peuplée que New-York, la part du feu est relativement plus forte encore, puisque la perte totale causée par les incendies équivaut à la moitié de la perte due aux sinistres de même nature dans toute l'étendue du territoire français.

Dès l'une des premières nuits de mon séjour dans la métropole du Sud, il arriva un de ces effroyables désastres, si fréquents aux États-Unis. Sept grands bateaux à vapeur brûlaient à la fois. C'était un spectacle magnifique. Les sept navires, amarrés à côté l'un de l'autre, formaient comme autant de foyers distincts, réunis à la base par une mer de flammes ; les tourbillons de feu, jaillissant du fond des cales embrasées, se recourbaient gracieusement au-dessous des galeries et révélaient dans toute son éphémère beauté l'architecture élégante de ces palais étincelants de dorures et de glaces ; mais bientôt les langues de feu pénétrèrent par jets successifs à travers le plancher des galeries, et de la base au sommet, les trois étages de cabines furent enveloppés dans un ouragan de flammes ; au-dessus des navires, les noires cheminées, entourées des ondes tournoyantes de l'incendie, restèrent longtemps immobiles comme des spectres funèbres, et les drapeaux, hissés à l'extrémité des mâts, se montrèrent de temps en temps à travers la fumée, flottant joyeusement comme dans un jour de fête. L'une après l'autre, les galeries s'affaissèrent avec d'horribles craquements, les machines et les fourneaux, perdant leur centre de gravité, se penchèrent tout à coup, faisant osciller comme une banderole tout le vaste incendie. Les étages, les cheminées s'écroulèrent successivement, et le Mississipi, couvert de débris embrasés, charria tout un fleuve de feu. Les façades uniformes de la ville, les quais couverts de marchandises, la foule en désordre, les grands navires amarrés le long du rivage, et, sur la rive opposée, les maisons et la forêt d'Alger, tout semblait éclairé d'une lueur sanglante ; par contraste, le ciel seul paraissait noir et les étoiles avaient disparu. Les cris que l'on entendit longtemps sortir des navires en feu augmentaient l'horreur de cette effroyable scène. Quarante-deux personnes furent brûlées vivantes avant qu'on n'eût organisé le sauvetage. On sait que sur le Mississipi, depuis la construction du premier bateau à vapeur jusqu'à nos jours, plus de quarante mille personnes ont été brûlées ou noyées par suite d'accidents de tout genre : explosions, collisions ou incendies : c'est une moyenne de mille victimes par an.

Les veilleurs de nuit sont beaucoup trop peu nombreux pour être d'une sérieuse utilité dans la prévention des sinistres. La ville, longue de près de sept milles, sur une largeur moyenne d'un mille, n'a pour tous gardiens que 240 hommes, dont 120 sont de service pendant la nuit. Encore prennent-ils bien soin d'avertir les malfaiteurs de leur approche. Ils sont munis d'un grand bâton en bois de fer ou de chêne, et quand ils arrivent au coin d'une rue, ils frappent un coup retentissant sur l'angle du trottoir ; les incendiaires, les voleurs et les meurtriers entendent ainsi venir l'ennemi et peuvent accomplir leurs exploits sans crainte de surprise. Les grands criminels ne se laissent guère arrêter que lorsque, enhardis par de longs succès, ils ont l'audace de tuer en plein jour. Chaque année, il se commet plusieurs centaines de meurtres complaisamment enregistrés par les journalistes, mais rarement poursuivis par les juges. Cependant le débordement d'iniquités est tel que, malgré l'insouciance de la justice, on opère de 25 000 à 30 000 arrestations par an ; il est vrai que sur ce nombre considérable, égal au dixième de la population, on compte 4000 ou 5000 nègres coupables de s'être promenés sans billets de permission ou bien envoyés par leurs maîtres au bourreau pour se faire donner vingt-cinq coups de fouet.

Plus de 2500 tavernes, toujours remplies de buveurs, offrent sous forme d'eau-de-vie et de rhum un aliment aux passions les plus violentes. On spécule si bien sur le vice national de l'ivrognerie, que tout le rez-de-chaussée des grands hôtels est mis librement à la disposition du public ; au centre, se trouve une vaste rotonde, espèce de bourse où les négociants viennent lire les journaux et débattre leurs intérêts ; à côté, s'ouvre la salle des jeux de hasard, où les fripons donnent rendez-vous aux dupes ; ailleurs est la buvette où s'étend une table publique, très-richement et très-abondamment servie. Le repas est complétement gratuit et le premier venu peut s'attabler : il ne faut payer que pour l'eau-de-vie ou le rhum. Le picaillon (25 c.) qu'on donne par chaque petit verre suffit amplement à couvrir tous les frais de ces festins publics. D'ailleurs, la très-grande majorité des personnes qui entrent dans la salle ne touchent pas aux mets et se contentent de boire : c'est ainsi que des centaines de buveurs se cotisent sans le savoir pour payer un festin à quelques pauvres faméliques.

En temps d'élection surtout, les tavernes ne désemplissent pas. Il faut que le candidat fasse raison à tous ceux qui lui donnent leurs voix, car s'il ne savait prendre un *cocktail* avec élégance, il perdrait toute popularité et passerait pour un transfuge. Quand des adversaires politiques se rencontrent dans une buvette, avinés ou à jeun, il n'est pas rare que les paroles insultantes soient bientôt suivies de coups de poignard ou de *revolvers*, et plus d'une fois, on a vu le vainqueur boire sur le cadavre du vaincu. La loi défend, il est vrai, qu'on porte des armes cachées : aussi, pendant les élections, les citoyens les plus outre-cuidants éludent-ils la lettre du code en garnissant leur ceinture d'un véritable arsenal parfaitement à découvert ; en général, on se contente de garder sous son habit un poignard ou un pistolet de poche.

« Est-il vrai que la loi défende expressément de porter des armes sur sa personne ? » demandait-on à un magistrat célèbre de la Louisiane.

« Certainement ! On ne peut trop féliciter nos législateurs d'avoir défendu le port d'armes cachées.

— Que feriez-vous donc si je vous insultais ou si je vous donnais un soufflet ?

— Ce que je ferais ! » et saisissant à sa ceinture un pistolet chargé, il le braqua sur la tête de son interlocuteur.

Un misanthrope pourrait comparer les vices de notre société européenne à un mal caché qui ronge l'individu sous ses vêtements, tandis que les vices de la société américaine apparaissent au dehors dans toute leur hideuse brutalité. La haine la plus violente sépare les partis et les races : l'esclavocrate abhorre l'abolitioniste, le blanc exècre le nègre, le natif déteste l'étranger, le riche planteur méprise largement le petit propriétaire, et la rivalité des intérêts crée même entre les familles alliées une barrière infranchissable de méfiances. Ce n'est pas dans une société de ce genre que l'art peut être sérieusement cultivé. En outre, les visites périodiques de la fièvre jaune à la Nouvelle-Orléans rendent impossible toute préoccupation autre que celle du commerce, et aucun négociant ne tient à embellir la cité qu'il se propose de fuir quand il aura réalisé une fortune suffisante. Sous prétexte d'art, les riches particuliers se bornent à badigeonner à la chaux les arbres de leur jardin : ce luxe a le double avantage de plaire à leurs regards et d'être très-peu coûteux. On n'a pu traiter ainsi les promenades publiques, car il n'y en a pas : le seul arbre existant dans l'intérieur de la ville est un dattier solitaire, planté il y a soixante ans par un vieux moine. En revanche, la ville a tenu à honneur d'élever une statue de bronze à son sauveur Andrew Jackson, mais cette statue n'a d'autre mérite que d'être colossale et d'avoir coûté un million. L'artiste qui l'a modelée et fondue, M. Clarke Mills, n'a jamais été à Rome ni à Florence et n'a étudié que dans les ateliers de Washington-City : voilà ce qui fait sa réputation auprès des *natifs*, et ceux qui lui ont avancé les premiers fonds et procuré des travaux, lui ont posé la condition expresse de ne jamais voyager hors de sa patrie. Ses incontestables titres de gloire ne suffisent point cependant pour lui faire éclipser les statuaires de l'ancien monde. Ils consistent dans l'invention brevetée d'un procédé très-simple pour la fusion du métal et dans l'art d'équilibrer parfaitement les statues équestres sur les deux jambes de derrière, sans le secours d'une queue opulente ou d'un tronc d'arbre complaisant. La municipalité de la Nouvelle-Orléans a commandé à M. Mills une statue de Washington qui sera érigée dans le quartier américain.

Quant aux édifices publics, ils sont pour la plupart sans aucune valeur architecturale. Les gares sont d'ignobles hangars noircis de fumée ; les théâtres sont pour la plupart des baraques à la merci des incendies ; les églises, à l'exception d'une espèce de mosquée bâtie par les jésuites, sont toutes de grandes masures prétentieuses.

D'ailleurs, il n'est pas de monuments plus soumis que les églises aux diverses chances d'incendie ou de démolition. Les communautés qui s'y assemblent se forment, se séparent, se réunissent de nouveau pour se disperser encore comme des flocons d'écume ou des tourbillons de feuilles entraînées par le vent. Qu'un jeune homme soit doué d'une forte voix, qu'il ait eu des succès dans les salons, qu'il se soit fait remarquer par un zèle religieux vrai ou supposé, il peut émettre des actions pour la construction d'une église dont il deviendra le maître absolu : l'église sera sa chose, son capital, son fonds de commerce. Si la location des *pews* ne lui rapporte pas assez, si son éloquence n'est pas fructueuse, il en est quitte pour faire banqueroute, vendre, faire démolir ou brûler son église, et changer de secte. C'est un genre de spéculation qui peut très-bien s'allier à d'autres ; rien n'empêche le ministre du saint Évangile d'être en même temps banquier, planteur ou marchand d'esclaves. L'Américain n'a jamais de carrière déterminée : il est sans cesse au guet des événements, attendant que la fortune passe pour lui sauter en croupe et se faire emporter vers le pays d'Eldorado. Hommes et choses, tout change, tout se déplace aux États-Unis avec une rapidité inconcevable pour nous qui sommes habitués à toujours suivre une

Port de la Nouvelle-Orléans (Louisiane). — Dessin de de Bérard d'après une photographie américaine.

longue routine. En Europe, chaque pierre a son histoire ; l'église s'élève où s'éleva le dolmen, et depuis trente siècles, c'est au même lieu consacré que vont adorer les habitants du pays, Gaulois, Franks ou Français ; nous obéissons plutôt à des traditions qu'à des hommes, et nous nous laissons gouverner par les morts encore plus que par les vivants. En Amérique, rien de semblable ; aucune superstition ne s'attache au passé ni au sol natal, et les populations, toujours mobiles comme la surface d'un lac qui cherche son niveau, se distribuent sous l'influence des seules lois économiques ; dans la jeune et grandissante république, on compte déjà bien des ruines comme dans nos vieux empires : la vie présente est trop active et trop fougueuse pour que les traditions du passé puissent dominer les âmes. L'amour instinctif de la patrie n'existe plus aux États-Unis dans sa naïve simplicité. Pour la masse, tous les sentiments se confondent de plus en plus avec l'intérêt pécuniaire ; pour les hommes de cœur, si rares en Amérique comme dans tous les pays du monde, il n'est d'autre patrie que la liberté.

Élisée RECLUS.